AF299133

Finances.

DÉVELOPPEMENS

DE QUELQUES IDÉES

PUBLIÉES EN SEPTEMBRE 1814,

SUR CE QU'IL PARAITRAIT POSSIBLE DE FAIRE POUR LA RESTAURATION DES FINANCES.

PAR UN ANCIEN CHEF DE BUREAU DE CE MINISTÈRE,
Pensionnaire de l'État.

PARIS,

Chez PETIT, Libraire de LL. AA. RR. MONSIEUR, Frère du Roi,
et de Mgneur. le Duc de BERRI,
Galerie de Bois du Palais-Royal, n°. 357;
Et Chez DELAUNAI, Libraire, même Galerie,

FÉVRIER 1816.

Contrarié par des événemens affligeans et inattendus, j'ai été forcé de différer la publication de cet opuscule, imprimé depuis six semaines, et qu'un plus long retard rendrait inutile.

Je ne balancerais pas à le supprimer, sans la grâce que m'a fait Sa Majesté d'en accepter le premier exemplaire.

———

Les exemplaires ordonnés par la loi, ont été fournis; et l'ouvrage est annoncé dans le Journal de la Librairie.

ERRATA.

Page 20, 3me, paragraphe, au lieu de *localité*, lisez *totalité*.

    29, l'antépénultième ligne: au lieu de *permettre*, lisez *promettre*.

    36, 9me. ligne: au lieu de *recouvrer*, lisez *recouvrir*

    41, 25me. ligne, au lieu d'*inique*, lisez *modique.*

AU ROI.

SIRE,

Votre Majesté veut le bonheur de ses sujets.

Elle sait que la principale base de ce bonheur repose sur le bon ordre des finances.

C'est donc servir ses vues que de présenter quelques moyens de les restaurer.

Je prends la liberté de les offrir à Votre Majesté.

Le plus dévoué, et le plus respectueux de ses sujets,

Boyard,

Avocat en l'ancien Parlement, ex-Chef au Ministère des Finances, Pensionnaire de l'État.

Paris, 16 février 1816.

INTRODUCTION.

A L'ÉPOQUE où le Gouvernement de la France se reconstituait sur ses anciens élémens, sous les auspices de son Souverain légitime, j'ai, comme bon français, cru devoir concourir à ce grand œuvre, de tous mes moyens personnels.

Trop âgé pour servir l'Etat de mon épée, trop peu fortuné pour pouvoir signaler mon dévouement autrement que par mon empressement à solder ma part dans les contributions, je n'avais d'autre moyen de chercher à être utile, que l'hommage à faire de quelques idées, fruits d'une expérience de près de quarante ans, en chef dans les bureaux du Ministère des finances.

Pénétré du principe que le meilleur guide est le flambeau de l'expérience des siècles (je dis *des* et non pas d'un), pour profiter du bon qu'elle a consacré, même du moins bon, pour le rectifier et l'approprier aux mœurs actuelles, je n'ai pas craint de raviver les traces d'institutions dont les temps avaient prouvé l'utilité et les convenances morales.

Sans redouter l'inculpation de ne répéter que ce qui avait été dit avant moi, je me suis permis d'écrire. J'ai même connu le plaisir de voir quelques-unes de mes idées reproduites jusques dans le sanctuaire où s'élabore la réorganisation de nos lois. Mais j'ai senti, en même temps, que *Mon Mot* de l'année dernière, sur les Finances, avait besoin de développemens: je m'en suis occupé, et je les offre, au risque de les donner trop tard.

Après la transgression la plus tyrannique de tous les principes consacrés par le temps en finances ; après les déprédations les plus inouies de la fortune publique ; malgré les spoliations les plus criminelles de nombre de fortunes particulières, le trésor de l'Etat n'en était pas moins à-peu-près épuisé et vide, et les branches les plus productives de ses revenus desséchées.

Gouvernans, administrateurs de tous les ordres, armées nationales ou étrangères, individus de toutes les classes (celles des juges dans l'ordre judiciaire, et des membres du clergé exceptées), tous se sont plus ou moins gorgés des énormes dilapidations dont la France est depuis vingt-six ans le théâtre et la victime, et qui lui ont coûté des milliards.

L'impéritie ou les perfides lumiéres de ces assemblées délibérantes, formées au sein de l'intrigue et des cabales, dont les membres se sont, pour le malheur général, perpétués dans l'usurpation de l'autorité souveraine, sur laquelle leur infernale cohue a osé porter des mains parricides et sacriléges ; les gigantesques et insensés excès de l'usurpateur de ces usurpateurs ; les services si chèrement payés des puissances étrangères, qui ont abattu sa monstrueuse autorité; l'envahissement de la presque totalité du territoire français par leurs troupes, et les ravages presque inséparables d'une semblable incursion, tout a concouru à creuser l'abîme dans lequel la France eût été engloutie, sans l'interposition de la main divine, qui l'en a sauvée.

Mais échappée à ce danger, que de difficultés ne lui reste-t-il pas à vaincre avant de reconquérir le rang qui lui appartient parmi les puissances du monde !

Ses ressources sont immenses sans doute ; mais elles ne seront inépuisables qu'autant que des mains habiles sauront les administrer dans leur véritable sens, celui de l'intérêt de l'Etat.

La beauté de son climat, la fécondité de son sol, et surtout son immense population qu'une exécrable conscription ne décimera plus chaque année, garantissent à la France sa restauration agricole en un petit nombre d'années.

Nous ne voyons encore que l'aurore des jours heureux où nous n'aurons plus besoin d'armée aussi nombreuse pour faire respecter la suprématie de sa couronne; où nous pourrons rendre au commerce intérieur et extérieur, aux manufactures et à l'agriculture, les restes de notre jeunesse échappée à sa destruction, réunir ces restes à la génération qui sort de l'adolescence, et recomposer ainsi cette multitude agissante, cette vraie puissance des États, qui, dirigée par l'expérience et l'exemple de leurs auteurs ou de leurs aînés, feront refleurir toutes les branches de nos ressources territoriales, industrielles et commerçantes.

La paix, l'industrie et les spéculations privées feront le reste, et ramèneront l'aisance dans les campagnes, d'où elle refluera bientôt dans nos cités. Elle y assurera à l'industrie les moyens de s'exercer et de s'étendre, et de faire remonter de degrés en degrés, jusqu'aux premières classes de la société, l'abondance, et avec elle la confiance et le crédit. Par suite les impôts nécessaires, plus facilement et plus promptement perçus, ramèneront les espéces dans les coffres de l'État, et replaceront ses finances au degré de prospérité, d'où les avait fait descendre l'arbitraire qu'une puissance usurpatrice était seule capable d'exercer. Toute la science fiscale d'alors se bornait à la perception exactive des contributions étendues et prolongées sans la moindre forme légale. La théorie semblait circonscrite dans l'unique et inique sentence : « *Le maître commande ; il faut obéir, et découpler* « *nos chiens de meute (les garnisaires), qui sauront con-* « *traindre les peuples à l'obéissance.* »

Les conséquences de ce barbare système se sont déplorablement fait sentir. Le temps, perdu à en retracer les affreux excés, sera bien mieux employé à chercher les moyens de les faire oublier, en offrant en perspective :

1°. La possibilité de quelques économies dans les dépenses administratives ;

2°. Quelques arrangemens qui, en assurant la célérité et la ponctualité des recouvremens des contributions directes, allégeraient les frais de leur perception, qu'ils garantiraient des atteintes de l'infidélité et de l'inconduite de nombre des agens qui en sont chargés ;

3°. D'éteindre l'arriéré sans préjudicier au service courant, à quelque somme que cet arriéré se trouve définitivement calculé, en en subordonnant l'acquittement à des termes fixes, qui, répartis sur plusieurs années, en rendraient la charge moins grevante ;

4°. De faciliter, en l'accélérant, l'extinction de cet arriéré, par le retour à d'anciennes mesures employées avec succès par nos anciens Souverains dans des circonstances presque aussi difficultueuses que celles dans lesquelles nous nous trouvons aujourd'hui ;

5°. De réactiver l'aliénation suspendue par la rigueur des circonstances d'une partie notable de domaines nationaux ou communaux, et, simultanément, d'amener successivement et gratuitement l'amortissement d'une portion de 5 pour 100 consolidés ;

6°. Enfin de mobiliser, au gré des propriétaires, une partie de ces mêmes rentes perpétuelles.

Ces objets font la matière des six mémoires qui suivent, dans lesquels je vais tâcher de démontrer la possibilité de la mise à exécution.

DÉVELOPPEMENS

DE QUELQUES IDÉES

PUBLIÉES EN SEPTEMBRE 1814,

SUR CE QU'IL PARAITRAIT POSSIBLE DE FAIRE POUR LA
RESTAURATION DES FINANCES.

CHAPITRE PREMIER.

ÉCONOMIES SUR LES DÉPENSES ADMINISTRATIVES.

RÉUNION DE PLUSIEURS DÉPARTEMENS EN ADMINISTRATIONS CENTRALES,
SUSCEPTIBLES DU RÉGIME D'ADMINISTRATIONS PROVINCIALES.

DE toutes les ressources à employer dans les embarras pécuniaires,
l'économie est la première et la plus infaillible. Cette vérité s'applique aux Etats comme aux particuliers ; et la pratique en est
beaucoup plus facile aux Puissances, toujours maîtresses de régler les époques de leur libération, et la somme de valeurs
qu'elles y destinent.

Le moyen le plus prompt et le plus à la disposition du Gouvernement, est la réduction de ses dépenses administratives, par
la simplification des rouages de son organisation.

Ce n'est plus le moment de disserter sur l'utilité ou l'inutilité

de la division du territoire français, en quatre-vingt-trois Départemens, décrétée en 1790 ; encore moins d'examiner si cette
nouvelle circonscription était préférable et moins dispendieuse
que l'ancienne. La thèse est résolue depuis long-temps, mais non
pas en faveur du régime substitué.

Ce point convenu, quelques pas rétrogrades vers nos précé-
dentes institutions doivent nous faire retrouver quelques-uns de
leurs avantages.

De tous les griefs reprochés aux Intendans, les plus grands
étaient leur pouvoir illimité, et la somptuosité de leur représentation.

Il est, au moins, douteux que nous ayons obtenu quelque mo-
dération sur le premier grief. Quant au second, leur faste était
à leur dépens ; et, certes, plus d'un Préfet a fourni l'exemple du
contraire.

Au vrai, pouvait-on espérer que quatre-vingt-trois administrations séparées, seraient moins dispendieuses que trente-trois
Intendances ?

Nous comptons aujourd'hui quatre-vingt-sept Départemens.
Les dépenses n'ont pas dû s'alléger. Chacun d'eux exige des états-
majors, et ce n'est pas pour cette classe qu'on s'est le plus piqué
d'économie. Ils appellent un grand concours de commis ; donc,
les dépenses doivent être plus considérables. C'est un point
facile à éclaircir, en supputant la part assignée aux dépenses départementales, fixés et variables, dans le partage des centimes
additionnels. On ne parle ni des grâces, ni des gratifications et
indemnités, etc. etc. etc., accordées par le Gouvernement. Le
vrai est que la charge est énorme : le but est de l'alléger.

La réunion de plusieurs Départemens en une seule administration, généralité, sur-intendance, ou telle autre qualification
que ce soit, semblerait en offrir un moyen. Cette réunion

pourrait se régler sur le plan des divisions militaires, ou conser-
vations forestières.

En général, moins les autorités supérieures sont multipliées ;
plus grand est le respect qu'on leur porte. L'habitude de les ap-
procher, accourcit les distances. Le soleil n'est, depuis la création
du monde, resté à sa place, que parce qu'il ne souffre ni qu'on
le fixe, ni qu'on l'approche de trop près. Combien n'avons-nous
pas à gémir sur ce relâchement des convenances ! Il semble donc
que le caractère d'un Sur-Intendant-général, représentant le Roi,
serait plus imposant, à la tête d'une grande section administrative, que celui d'un Préfet, (qualification renouvelée des Grecs,
si ce n'était de Rome), pris, comme ils l'ont été presque tous
dans l'origine, dans les classes les plus ordinaires de la société.

Le choix du Commissaire-général ou Sur-Intendant ne pourrait
plus dignement se faire, que parmi les Pairs de France. S'il tom-
bait sur un de ceux de l'ancienne création, le traitement conservé
à cette éminente dignité, ne demanderait qu'un supplément, à
cause de la représentation qu'une place de cet ordre exige.

Le secrétaire-général de cette première magistrature pourrait
être choisi parmi les maîtres des requêtes, attachés aux Conseils
du Roi ; leur traitement, en ce dernier titre, entrerait en ligne
de compte dans celui attaché à leurs nouvelles fonctions.

Chaque administration centrale aurait son Conseil permanent,
composé de deux députés de chacun des Départemens du ressort, élus chacun pour quatre ans, mais dont le renouvellement
s'opérerait, par moitié, de deux ans en deux ans.

Les fonctions de ces Représentans seraient gratuites. L'honneur
de représenter une section du Peuple Français, doit être la
récompense la plus noble et la plus digne de ceux qui y sont
appelés.

Cependant l'équité semblerait vouloir que chaque Département dédommageât ses Représentans , des frais de déplacement
et de séjour hors de leur domicile. Pourquoi n'y aurait-il pas,
dans chaque chef-lieu, des administrations des premier et second
ordres , un hôtel meublé aux frais des administrés , affecté au
logement de ces Représentans ? L'indemnité se réduirait aux
frais de déplacement, d'un objet , d'ailleurs, infiniment mé-
diocre pour des administrateurs choisis, ainsi que les membres
des colléges électoraux, dans les classes les plus aisées.

Le secrétaire-général exercerait également son ministère près
des conseils de Sur-Intendance; à ce moyen, moins de doubles
emplois, de places et de sujets.

Par cet ordre, les Préfets, qualifiés désormais du titre de
Commissaires du Roi, descendraient au second rang. Alors tenus
à moins de représentaiton , leur traitement pourrait être réduit
de manière, cependant, à leur procurer une existence honorable. Le secrétariat de leur magistrature serait sous la direction
d'un secrétaire principal. Le Conseil départemental se composerait d'un représentant. de chaque district ou arrondissement,
suivant la dénomination actuelle. La durée des fonctions de chacun
de ces représentans se réglera.it de manière que chacun d'eux, en
particulier, verrait le Conseil se renouveler par la sortie d'un
membre chaque année, jusqu'à celle où il devrait faire place
à un successeur.

Ces fonctions seraient également gratuites , sauf le logement
et l'ameublement en nature , et l'indemnité du déplacement.

Le même ordre s'observerait dans les administrations du troisième rang, aujourd'hui sous - préfectures; mais dont le chef
n'aurait plus que le titre de substitut ou subdélégué du Commissaire du Roi. Le secrétaire s'intitulerait chef du secrétariat. Il

exercerait les mêmes fonctions près du Conseil de subdélégation ; et, comme les opérations des administrations de cette classe
seraient purement exécutives, leur Conseil serait suffisamment
composé, à l'ordinaire, du subdélégué ou substitut du Commissaire du Roi, et de quatre notables choisis dans le ressort de la
subdélégation, résidans ou non dans le chef-lieu.

Dans les cas d'une convocation extraordinaire, on y appellerait un représentant de chaque canton ou mairie, formant le
ressort de la subdélégation.

Le chef du secrétariat tiendrait la plume à toutes les séances
ordinaires ou extraordinaires.

Chaque administration cantonale ou municipale, qualifiée
désormais *mairie*, se composerait de toutes les justices de paix
du ressort, et serait sous la direction d'un maire, deux adjoints
et quatre notables. Un des adjoints ou notables remplirait les
fonctions de greffier ou secrétaire.

Enfin, en dernière ligne, viendraient les communes, ou syn-
dicats communaux, dirigés chacun par un syndic ou lieutenant
de maire, assisté d'un adjoint et de deux notables. L'adjoint
tiendrait registre des délibérations, et en contresignerait les
expéditions avec le syndic. Le pasteur serait membre né du
syndicat. Il tiendrait, de concert avec l'adjoint, eu double expédition, les registrés de l'état civil, dont les extraits visés et
certifiés par le syndic, s'adresseraient à l'administration cantonale, dans la première quinzaine de janvier. Un des deux
registres, à leur clôture, serait transmis à l'administration dé-
partementale : le second resterait à l'administration cantonale
ou mairie ; et les extraits ou relevés annuels seraient conservés
au secrétariat de la subdélégation.

Dans chacune des administrations des trois derniers ordres ;

lès frais de greffe, d'expéditions, registres, etc., s'acquitteraient sur mémoires visés et arrêtés suivant les formes ordinaires, sur la responsabilité de l'autorité immédiatement au-dessus de celle qui proposerait la dépense, et acquittée, par urgence, par les percepteurs ou receveurs municipaux qui pourraient successivement en faire reprise dans leurs comptes, jusqu'à l'allocation définitive de la dépense.

Cette hiérarchie administrative n'aurait rien d'inconciliable avec l'érection des vingt-trois administrations centrales, en autant d'administrations provinciales. La seule différence qui se rencontrerait, serait que les Conseils, dans les trois premières classes, se trouveraient composés, de fait, par les membres appelés au directoire de chacune de ces phases administratives, par le choix des colléges électoraux de chaque ordre.

La sanction de ce choix, dans les premières classes n'en serait pas moins dévolue au Gouvernement. A l'égard des inférieures, elle serait déférée au Commissaire Sur-Intendant-général, qui, dans le cas d'un rejet, serait tenu de le motiver.

Les Commissaires du Roi, généraux et du second ordre, ainsi que les subdélégués ou substituts, seraient présidens nés des administrations près desquelles ils seraient délégués. Ils surveilleraient l'expédition et l'exécution des ordres qui leur seraient transmis par l'autorité immédiatement supérieure. Dans certains cas, ceux même des second et troisième ordres auraient la faculté discrétionnaire de s'adresser directement au Ministre.

Ainsi, se formerait la chaîne de correspondance entre les administrations de chaque degré. Du reste, le service intérieur de chacune de ces administrations suivrait la marche ordinaire de ce genre de travail. Mais le cadre de toutes ainsi resserré, le nombre des collaborateurs sera nécessairement moins grand.

Ces économies , étendues sur toutes les ramifications de l'administration , procureront au Trésor un soulagement notable , quand même le Gouvernement ne se prononcerait pas pour le retour au régime d'administrations provinciales.

Ces économies conduiront à d'autres non moins profitables , et qui , de proche en proche , concourront à l'amélioration des finances de l'Etat.

CHAPITRE II.

RÉUNION DES RECETTES GÉNÉRALES DÉPARTEMENTALES, EN UNE SEULE.

AGÉNCE EXERCÉE PAR UNE COMPAGNIE SOLVABLE , ET DONT TOUS LES MEMBRES SERAIENT SOLIDAIRES.

La centralisation d'un service , quel qu'il soit , a l'avantage de maintenir toutes les parties qui le composent dans une parfaite harmonie , en même temps qu'elle y entretient célérité et économie. En perception comme en comptabilité, c'est là surtout que cet avantage est le plus sensible.

De tous les revenus de l'Etat , le plus important est , sans contredit , celui des contributions directes. Ses sources gissent sur tous les points du royaume ; elles circulent en mille canaux divers pour arriver par quatre-vingt-sept embouchures au réservoir général (le trésor royal) : elles en ressortent pour subvenir aux charges de l'Etat , alimenter les divers services , vivifier de nouvelles combinaisons , concilier l'intérêt général avec les intérêts privés, et par cette heureuse amalgame, atteindre le but final de tout Gouvernement bien organisé ; le bonheur de tous.

Il n'entre point dans mon plan de suivre de déversoirs en déversoirs la transfusion des espéces avant d'arriver aux recettes générales. Mon objet est de les prendre à ce pas qui les met à la
disposition du trésor.

Il est même d'un faible intérêt pour mon plan de connaître bien
précisément le *quantum* des remises, taxations, émolumens, frais
de transport d'espèces, que peut coûter la levée des contributions
directes. Mon objet est d'indiquer un moyen de réduire ces frais
de leur perception au moins possible, sans préjudicier à la célérité
et à l'exactitude des rentrées, et en affranchissant celles-ci de
tous les encombres qui peuvent les entraver. Si les administrateurs, qui tiennent les rênes de cette partie, veulent en con-
venir, ils diront tout le cahoteux de sa marche ; combien il leur
en coûte de peines et de soins pour éclairer et réprimer les
abus, prévenir et remédier aux retards, et surtout exercer directement ou médiatement une surveillance continuelle, malgré laquelle les divertissemens des deniers ont forcé de mettre en
gérance nombre de recettes générales, et quelques-uns de leurs
titulaires en banqueroute ouverte.

Le trésor n'aurait à redouter aucun de ces inconvéniens, si, au
lieu de quatre-vingt-sept receveurs généraux, leur service se faisait par le ministére d'une compagnie solidaire de quarante à cinquante membres, qui assurerait, à des époques périodiques et in-
variables, les rentrées de cette branche des revenus de l'Etat,
bonifiée d'une partie des économies qu'il paraîtrait possible d'y
introduire, particuliérement par la réduction des émolumens de
ces receveurs généraux descendus au rang d'agens, comptables
de la nouvelle compagnie. Celle-ci étant plus près de ces agens,
sa surveillance serait d'autant plus directe, qu'elle serait immé-
diate, et qu'elle pourrait la faire exercer par ses membres les plus
jeunes, ou par ceux à qui ces sortes de tournées plairaient davan-

tage , mais qui, les ûns et les autres, seraient toujours mus par leur propre intérêt.

Les germes de cette compagnie se trouveraient bientôt parmi quelques-unes des anciennes maisons de finance , encore investies de leur ancienne considération et de leur ancien crédit, qui re-constitueraient promptement, sous de favorables auspices , sauf quelques modifications cependant, l'agence centrale des recettes générales qu'avait créée M. Necker en 1778 et 1780.

Forte de ses propres facultés , cette association se concilierait bientôt la plus grande confiance ; bientôt renaîtrait chez les plus sages spéculateurs en finance l'opinion que leurs fonds ne peuvent être plus sûrement placés que dans les fonds publics, et par suite nombre de fortunes en porte-feuille se rattacheraient à celle de l'Etat.

Ainsi se vérifierait la justesse de la remarque d'un des publi-cistes du siècle dernier (M. Dargenson), sur la promptitude du rétablissement des finances de France après la mort de Louis XIV, malgré les catastrophes de la banque et du visa : « *Qu'en matière* » *de finance le crédit public et la circulation se rétablissent-et* » *reprennent pour ainsi dire leur niveau d'eux-mêmes , comme* » *l'eau de la mer, après de grands orages et de grandes tem-* » *pétes.* »

Puisse cette remarque devenir l'horoscope des finances de France !

La nouvelle compagnie (1) verserait de prime abord , soit à

____

(1) Je dois à la vérité de dire que le plan d'agence que je vais soumettre, appartient à quelques-uns des receveurs-généraux de l'ancienne consistance, qui savaient compter, pour premiers avantages de leurs places, le bonheur d'être utiles à leur pays ; à qui les orages de la révolution ont coûté quelques

la caisse d'amortissement, soit au trésor royal, à titre de fonds
d'avance ou de cautionnement, l'équivalent du douzième ou du
dixième du montant intégral des contributions directes.

Le remboursement de ce capital, dont l'affectation se pro-
rogerait d'année en année, ne serait exigible que dans le cas
de la dissolution de l'agence.

L'intérêt en serait fixé à 5 pour 100 sans retenues, et le principal servirait à rembourser les cautionnemens des receveurs généraux actuels.

La compagnie s'obligerait, soit par son traité, soit par des soumissions spéciales, à verser les contributions dont la perception
lui serait confiée, à des époques assez fréquentes pour constituer
un service courant, et pour ainsi dire journalier, par suite duquel
la masse intégrale s'en trouverait soldée à un terme fixé.

De plus elle pourrait mettre à la disposition du Gouvernement,
par espèce d'anticipation sur les époques convenues, des billets
de caisse ou bons de crédit, dont les échéances seraient combinées
avec celles de ses soumissions, et qui circuleraient sur la place
avec la même faveur que les anciennes rescriptions des receveurs
généraux des finances. Ces effets, quoique n'offrant aux porteurs
qu'un intérêt extrêmement modéré (les rescriptions n'en portaient
aucun, et n'en étaient pas moins courues), accordé seulement
pour balancer l'idée d'une mise de fonds dehors gratuite, n'en
seraient pas moins avidement recherchés par les capitalistes, à
cause de la certitude du remboursement aux échéances, que se

---

sacrifices, mais ne leur ont rien fait perdre de leur crédit et de leur considération personnelle. Ces vétérans de la bonne finance, associés à quelques
maisons de banque de la bonne roche, formeraient le noyau de l'association
proposée.

.solderaient intérêt et capital. La confiance en ces effets se soutiendrait d'autant mieux, que la compagnie serait toujours maîtresse de n'en laisser sur la place que le nombre qu'elle jugerait ne pouvoir préjudicier à leur crédit.

Ces effets et les fonds versés par la compagnie à titre d'avance ou de cautionnement, procureraient tous les avantages d'un emprunt à un taux modéré, applicable à volonté à l'extinction de créances plus onéreuses, sans en avoir ni les lenteurs ni les embarras.

Mais en contractant ces engagemens, le choix et la nomination de tous les employés comptables et autres, de quelque ordre que ce soit, dont elle serait obligée de se servir, les collecteurs communaux exceptés, devront être dévolus désormais à la compagnie, sauf pour les recettes départementales ou d'arrondissement à faire ratifier ces choix par le Ministre des finances.

Placés sous la main de l'agence, et devenus ses simples préposés, les émolumens de ces places seraient susceptibles de grandes réductions. Il y a aujourd'hui telles recettes générales qui rapportent 80 et 100,000 fr.

Le trésor se trouverait affranchi des frais des bureaux chargés de la correspondance à entretenir avec ces receveurs; il épargnerait également les frais des inspecteurs de diverses classes, qu'il entretient pour les surveiller ou les stimuler, et dont la perspicacité s'est souvent trouvée en défaut.

Il aurait dans la compagnie un agent secondaire, aussi solide que ponctuel pour toutes les opérations qui se consomment aujourd'hui par la caisse de service, et qui sembleraient pouvoir être moins dispendieuses.

La compagnie serait également apte à faire solder dans les départemens les dépenses que le trésor, ou même les autres ministéres, pourraient avoir à y faire acquitter.

Elle pourrait même être chargée du service, tant à Paris que dans les départemens, des rentes perpétuelles et viagères, même des pensions, et faire ce service peut être plus économiquement.

Ainsi organisée, cette manutention, pour ainsi dire aspirante et refoulante, concentrée dans les mains de la compagnie, serait infiniment moins coûteuse ; d'autant que presque tout s'y passerait en viremens de parties et en écritures, qui éviteraient le mouvement matériel des espèces qui les use et en altère la valeur réelle, épargneraient les frais et les risques de leurs transports : ainsi se constituerait enfin un service actif et passif rapide, et à l'abri de toute espèce d'encombre.

Le Gouvernement, trop juste pour exiger que le service des dépenses dont la compagnie serait chargée, fût gratuit, aurait à se décider entre des remises plus fortes sur la localité du maniement ou des allocations spéciales sur le montant des dépenses que la compagnie aurait été chargée d'acquitter.

Afin d'assurer son propre service, et consolider sa propre solvabilité, la compagnie serait autorisée à exiger de ses préposés, des soumissions de paiement à époques fixes. Cette faculté s'exercerait, de degrés en degrés, jusqu'aux moindres percepteurs, sans même en excepter les collecteurs communaux.

Elle aurait également le droit d'exiger de tous ses comptables, les collecteurs exceptés, un cautionnement en espèces, ou en immeubles, même en inscriptions sur le grand livre, suivant la nature de la fortune de l'aspirant à une place quelconque.

A l'égard des receveurs généraux actuels, l'agence les conserverait comme receveurs principaux de département. Le cautionnement qu'ils auraient à fournir, se compenserait sur celui qui serait à leur rembourser.

Les cautionnemens en espèces produiraient l'intérêt à 4 pour cen t. Fournis en immeubles, le cautionné serait assujetti à

(21)

l'équivalent des intérêts qu'il aurait tirés de son cautionnement; s'il l'eût fourni en espèces.

Enfin, en inscriptions, il en abandonnerait les arrérages jusqu'à concurrence de 4 pour 100 du cautionnement auquel l'inscription serait affectée ; sauf les formalités d'usage , pour frapper d'incessibilité les inscriptions ainsi hypothéquées.

Ces arrangemens doivent, à n'en point douter, procurer de très-grands avantages au Gouvernement.

1º. Economie notable sur tous les frais de recouvrement des contributions directes ;

2º. Réduction des émolumens attachés aux perceptions des deux premières classes, et suppression des inspecteurs chargés de surveiller et de vérifier les caisses départementales. Cette surveillance n'en serait que plus active, plus clairvoyante, exercée par des membres de la compagnie, qui seraient fréquemment en tournée ;

3º. La perception des contributions directes, confiée à une compagnie éminemment solvable et solidaire, le trésor n'aura plus à redouter ces divertissemens de fonds, dont nombre de receveurs - généraux ont donné le criminel exemple, contre lesquels il n'avait d'autre recours que leur cautionnement qui, souvent, ne leur appartenait pas ;

4º. Il consolidera son crédit, en l'étayant de celui d'une compagnie composée de membres d'une solvabilité bien avérée, jaloux de conserver leur considération personnelle ; et dont l'association constituera une garantie, beaucoup plus imposante que celle que chaque receveur-général peut offrir isolément.

5º. Enfin, il se procurera très-prochainement des ressources pécuniaires abondantes, à des conditions beaucoup moins onéreuses que celles d'un emprunt de cent ou deux cent millions, lent à remplir ; et dont les intérêts , à raison de la rigueur des circonstances, ne pourront être que très-élevés.

La compagnie qui s'engagerait à faire ce service , malgré tous les avantages qui paraissent devoir en résulter pour le Trésor Royal , bornerait à quatre ou quatre et demi pour cent ses remises ou taxations, sauf le supplément rémunératoire des travaux qu'exigeraient, soit l'acquittement, dans les départemens , des dépenses que le Trésor et les différens ministères auraient à y faire solder , soit le paiement des rentes perpétuelles et viagères , tant à Paris que dans les départemens., si elle en était chargée.

Quant à son organisation particuliére , elle est facile à pressentir ; et les plans s'en calqueront naturellement sur ceux de l'ancienne agence.

La modicité des bénéfices dont la compagnie se contenterait, prouvera qu'elle est, au moins, aussi jalouse de la gloire de contribuer à la prospérité des finances de la France, que de servir ses propres intérêts.

Au total, l'exécution de ces plans n'aura rien d'inconciliable, soit avec la centralisation de plusieurs départemens en une généralité, même en lui conférant le caractère d'Etats Provinciaux ; soit avec le rétablissement en titres d'offices, avec finance des recettes générales et particulières ; parce que, de manière ou d'autre, les fonctions n'en devraient pas moins être soumises à la surveillance de l'agence, et combinées avec ses opérations.

CHAPITRE III.

EXTINCTION DE L'ARRIÉRÉ EXIGIBLE.

CRÉATION D'ANNUITÉS REMBOURSABLES EN DOUZE ANNÉES.

Si quelque chose a droit de surprendre, c'est qu'aujourd'hui, après les développemens consignés dans les rapports, comptes, et officiellement publiés par les Ministres, tant du Gouvernement royal que de celui qui l'avait usurpé ; malgré le déluge d'écrits, d'observations, de dissertations, de réfutations, etc., etc., qui ont inondé le champ financier depuis l'époque où la Providence a , pour la première fois, rendu à la France ses Souverains légitimes, aujourd'hui (février 1816, dis-je,) la quotité de l'arriéré exigible soit encore un problême dont la solution à 759 millions, à laquelle on n'osait pas croire, se trouve maintenant réduite au-dessous de six cent millions.

Il est pourtant bien avéré que depuis 1802 à 1810, les dépenses de la guerre se sont progressivement augmentées d'une année sur l'autre, de 25, 30, et jusqu'à 35 millions; et qu'en 1813 elles ont excédé 1,440 millions. Elles n'avaient été évaluées, dans le budjet de la même année, qu'à 585 millions. Elles ont donc à elles seules englouti l'équivalent de la masse intégrale des revenus de l'Etat, évalués pour cette même année à 1,150 millions. Ainsi l'abîme de l'arriéré a dû se creuser, dans cette année seule , de huit à neuf cent millions.

Que d'un côté on ajoute à ce surcroît de charges celles que l'alternat des gouvernemens de 1814 et 1815 ont occasionnées; les sommes en numéraire effectif enlevées de l'une et de l'autre part

pendant cette lutte d'autorités; celles que les troupes étrangères
se sont appropriées depuis leur entrée en France; le remboursement des réquisitions en tous genres, frappées de toutes mains sur
la presque universalité de nos départemens; les indemnités des
dévastations de toutes les espèces dont ils ont été le théâtre et les
victimes; et pour combler la mesure, les sacrifices pécuniaires
que nous impose l'amicale intervention des puissances alliées
dans le rétablissement du bon ordre en France;

Que de l'autre côté on admette comme vraie l'assertion de l'auteur des Observations et Eclaircissemens sur les différens sys-
témes de Finance, suivis en France depuis l'an 8, « *que le*
» *trésor aurait payé dans l'année écoulée du premier avril*
» *1814 au premier avril 1815, environ huit cent millions:* » il
n'en sera pas moins difficile de se refuser à l'opinion d'un arriéré
de quatorze à quinze cent millions.

Son Excellence le Ministre des finances est bien plus conso-
lant; car dans ses comptes de 1815, la réunion de l'arriéré de
chacun des ministères ne composerait qu'une masse de près de
cinq cent quatre-vingt-seize millions.

Si l'on veut bien faire avec moi un petit pas rétrograde de vingt-
trois ans sur l'état des finances de la France le 1er janvier 1792,
peut-être trouverions-nous qu'il n'y a point encore lieu à désespérer du salut des finances.

A cette époque les rentes perpétuelles et viagéres s'élevaient
à.. 178,100,141ᵗ.
Les pensions civiles et militaires, à............ 25,291,000
Et les pensions ecclésiastiques, à.............. 66,000,000

                     Total............... 269,391,141ᵗ

Enfin la dette publique, en général, était de.. 1,618,978,265ᵗ

A cette même époque, les revenus publics n'allaient pas à six cent millions.

Depuis que la fortune financière de la France, grossie des dépouilles du Clergé, de celles des émigrés et des condamnés, a été dépecée, saccagée, engloutie par une Convention nationale qui bientôt n'a su rien respecter ; par un Gouvernement prétendu constitutionnel, aussi déprédateur qu'inexpérimenté, auquel a succédé un régime consulaire, non moins spoliateur, mais plus astucieux ; pour comble de maux, la nation, tyrannisée par un despotisme effroyable et sanguinaire, a été réduite à gémir en silence, nombre d'années, sur la perte de ses légitimes Souverains, sous la verge impitoyable de vampires avides et insatiables, qui se gorgeaient de ses trésors et du sang de ses peuples.

Malgré ces déchiremens, incroyables pour quiconque n'en aura pas été témoin, et dont les exécrables auteurs ont su profiter pour se faire des fortunes colossales, qu'une excessive indulgence leur laisse emporter chez l'étranger ; la France est restée debout, forte de ses propres ressources. L'état de ses finances est même beaucoup moins désespéré qu'en 1792, puisqu'en 1816 la dette publique ; les pensions comprises ; n'est que de. . . . 115,000,000

Les revenus évalués à 800,000,000

Et l'arriéré exigible calculé à peine à 500,000,000

Il faut à la vérité ajouter à ces charges 275,300,000 fr. de dépenses extraordinaires. Le déficit à combler serait ainsi d'environ 1,000,000,000, c'est à dire l'équivalent de dix-huit à vingt mois des revenus nets.

Dans l'ordre commun de la vie civile, le propriétaire d'un revenu foncier de huit mille francs, ne se croit pas obéré pour devoir douze à treize mille francs : il n'a besoin, pour se libérer, que d'un peu de temps et d'économie,

4

Ce qui est possible à un particulier, ne l'est pas moins pour un Gouvernement, maître d'ailleurs de fixer les époques et le mode de sa libération.

Abstraction de tout esprit systématique, si l'on veut s'en tenir à des moyens sagement dirigés, doux dans leur application, et étendus sur plusieurs années, assez rapprochées cependant pour ne pas mettre dans un avenir trop prolongé la perspective de la libération, la libération de la France est indubitable.

Supposons l'arriéré exigible réglé définitivement à un milliard.

Son extinction, répartie en douze années, à compter de 1816, n'exigerait que le sacrifice de quatre-vingt-trois à quatre-vingt-quatre millions par an, plus les intérêts décroissants avec le capital.

Renfermée dans une période de douze années, l'opération en capital et intérêts coûterait à peine quatorze cent millions.

Elle consisterait à créer pour un milliard d'annuités ou billets d'Etat au porteur, produisant 5 pour 100 d'intérêts, payables par semestre, de janvier en juillet, et distribués en douze séries subdivisées en différentes coupures, afin de les approprier mieux à celles des créances à rembourser, et d'en faciliter l'émission et la circulation dans le commerce, sans cours forcé.

Chacune de ces séries serait timbrée d'une lettre de l'alphabet, dont la sortie se réglerait par la sortie d'une de ces lettres à un tirage qui s'effectuerait dans le courant de novembre ou décembre de chaque année, et qui désignerait ainsi la série qui viendrait en remboursement l'année suivante.

L'ordre du remboursement de chacune de ces séries ainsi remis au hasard, le cours de toutes se soutiendrait au même niveau dans le commerce.

On pourrait accélérer la jouissance des porteurs d'annuités sorties en remboursemens, en leur faisant toucher simultanément, avec la portion d'intérêts acquise à l'échéance de juillet de chaque année, une première moitié de la valeur de leur annuité. Cette facilité indifférente pour la marche de l'opération, diminuerait proportionnellement la masse d'intérêts à payer, et opérerait en vingt-quatre échéances, au lieu de douze, l'extinction de l'arriéré.

Quoique ce plan se trouve, aux sommes près, dans un ouvrage imprimé le 7 octobre 1815, sous le titre : *Des Contributions et des Finances*, je n'hésite point à le reproduire ici, d'abord, parce que l'ayant proposé dès le mois de septembre 1814, dans le petit opuscule dont celui-ci est le développement, la priorité m'en appartient, sans parler de quelques conseils officieux qui m'ont été demandés sur la rédaction de 1815 : en second lieu, parce que l'exécution de celui que je propose aujourd'hui est beaucoup moins onéreux, proportionnellement sous le rapport de la somme des intérêts ; enfin parce que j'ai pour moi l'avantage d'un mode simple et court de régler l'ordre de remboursement de chacune de mes séries, tandis que l'autre système exigerait chaque année un tirage long et dispendieux, jusqu'à l'épuisement complet de toutes les annuiétés mises en circulation.

Au reste, la masse de l'arriéré fût-elle inférieure aux évaluations sur lesquelles on n'est pas parfaitement d'accord, son remboursement en annuités n'en serait que plus praticable ; parce qu'il n'exigerait pas une émission aussi multipliée d'annuités, et que la somme à rembourser à chaque époque assignée serait moindre.

Le mode de remboursement que je propose, me semble devoir s'opérer sans efforts, sans secousses. Le cours des effets au porteur, donnés en remboursement, se soutiendra d'autant mieux que l'épreuve des premières échéances acquittées avec une scrupuleuse exactitude; la confiance publique se fixera promptement sur ces valeurs.

C'est peut-être le seul bon exemple que nous ayions à chercher chez une nation voisine, notre rivale, en modérant les termes, et dont la pratique assure toute la fortune.

Ce respect religieux pour les engagemens a trop d'analogie avec notre vieille loyauté gauloise, pour craindre que le Gouvernement français s'en départe jamais. La probité personnifiée siége maintenant sur le trône de France, et chaque Français porte en général dans son âme le germe de cette sévère probité, de cette franchise caractéristique de notre nation, à laquelle elle doit son antique dénomination de Francs.

CHAPITRE IV.

RÉTABLISSEMENT DES FINANCES D'OFFICE ET DES MAÎTRISES ET JURANDES.

Aux grandes crises, les grands remédes.

Cet adage dont la trivialité prouve la vérité, semble applicable au corps moral d'un Etat, comme à un malade en danger. Il y a plus; c'est que l'effet en paraît plus salutaire et plus certain au moral qu'au physique, parce qu'à l'égard de celui-ci, il n'est pas toujours possible de maîtriser la nature; et qu'au moral, la marche des événemens n'est pas constamment tellement absolue, qu'il soit impossible d'en dégauchir la direction, en y mettant le temps et les ménagemens convenables.

A quoi tendent ces réflexions, demandera-t-on peut-être ?

Voici la réponse.

Dans un de ces momens critiques, où le désordre des finances

(n'importe la cause) pouvait compromettre le salut de l'Etat, Philippe-le-Bel, vers la fin du 13e. siècle, fut le premier Roi qui s'avisa d'ériger, en offices avec finance, un très - grand nombre de places ou emplois , dans le civil , le militaire , jusque dans son Conseil; lesquels, jusqu'alors, ne s'étaient exercés que sur de simples brevets ou commissions.

Environ deux cents ans plus tard, François Ier, dans des circonstances à-peu-près aussi fâcheuses, usa de la même ressource , et l'étendit sur la presqu'universalité des emplois à service public.

Ces Souverains ne firent alors que ce que nous avons vu faire de nos jours, sous une autre forme, pour réparer une des inconséquences de la première de nos assemblées législatives.

De bonne foi, les cautionnemens en espèces , imposés à l'exercice de la presqu'universalité des fonctions civiles, avec ou sans maniement , sont - ils autres choses que le prix de l'achat en argent, du droit d'exercer exclusivement telle ou telle profession ? Cautionnemens , finances , l'un et l'autre avaient et ont également la perspective du remboursement, à la cessation des fonctions , ou quand l'exercice passait en d'autres mains. La différence est donc uniquement dans le nom ; il n'y en a aucune dans le fait.

Le cautionnement a de plus contre lui l'inconvénient d'engendrer des intérêts annuels, au profit du cautionné, beaucoup plus forts que n'étaient les gages , en général extrêmement modiques, attachés aux offices , parmi lesquels il s'en trouvait beaucoup qui n'en avaient aucuns.

Aujourd'hui, que par suite des événemens politiques, nos embarras financiers s'aggravent immensément, pourquoi ne pas recourir à un moyen aussi prompt qu'efficace de les alléger?

Cette ressource semble permettre environ douze cent millions , susceptibles, à la vérité, d'une compensation de deux cent et quelques millions de cautionnemens à rembourser.

La difficulté de trouver et d'obtenir de ceux appelés à une prestation d'une somme aussi importante, pourrait s'applanir par la faculté accordée d'en diviser le paiement en trois ou quatre années, à commencer du premier trimestre de 1816, et ainsi de suite année par année. Le premier quart ou tiers se solderait en espèces, et les autres en obligations, sous la condition de l'intérêt de 5 pour 100 exigible par semestre.

Le remboursement des cautionnemens s'effectuerait dans les mêmes proportions ; et pour simplifier l'opération, les obligations à fournir par les titulaires des nouveaux offices, ne seraient que du tiers ou du quart net de leurs finances, compensation faite du tiers ou du quart du cautionnement qui devrait leur être remboursé.

Ces obligations se passeraient à l'ordre des créanciers de l'Etat, qui, à leur tour, auraient la faculté de les transmettre ; de même, à leurs propres créanciers. Elles s'introduiraient ainsi dans la circulation, où elles feraient office d'effets de commerce au porteur, armés, de plus, de la solvabilité des souscripteurs, étayée de la garantie du Gouvernement.

On ne manquera pas de s'écrier : Mais c'est réintroduire la vénalité des offices, en livrer l'exercice aux mains de sujets incapables ou indignes de les remplir.

On ajoutera qu'exiger des finances pour les appliquer à l'extinction de l'arriéré, ce n'est que changer le nom de la créance, sans en diminuer la masse.

J'opposerai à la première rumeur, plus spécieuse que fondée en raison, que le danger fût-il réel, et le reproche mérité, rien de plus facile que de prévenir l'un et de faire tomber l'autre.

Je prendrai pour exemple la Magistrature, ce corps dont les fonctions sont très-certainement les plus délicates, puisqu'elles intéressent la fortune, l'honneur, et jusqu'à la vie des Français de toutes les classes.

Ce corps est trop jaloux de sa propre considération, du respect qui doit entourer ses fonctions, pour tolérer qu'on lui associe des membres qui ne seraient pas aussi irréprochables par leur moralité personnelle, que recommandables par leur extraction et leurs relations sociales et de parenté. Choisis dans les classes aisées, où communément l'éducation des enfans est la mieux soignée; armés de connaissances acquises par des études que la nécessité de pourvoir à des besoins journaliers n'aura ni interrompues ni abrégées, les sujets qui se destineront à la noble profession de rendre la justice, seront-ils moins probes, moins éclairés, parce qu'ils auront à fournir une finance avant de pouvoir l'exercer? Les plus grandes charges de la Magistrature avaient des finances, ou au moins des brevets de retenues; et cependant nous avons eu des Deharlai, des Molé, des l'Hopital, des d'Aguesseau, des Lamoignon, etc., etc., etc.

Pourquoi redouter que le retour à un usage qui a subsisté pendant quatre à cinq cents ans, nous prive de magistrats moins dignes de l'être que ceux que des choix souvent arrachés par l'intrigue, les cabales ou les importunités, feront sortir de classes, quelquefois au-dessous de l'ordinaire, où, faute de fortune, l'éducation n'aura pu être que très-négligée, et les études tronquées ou abrégées par le besoin de se faire un état lucratif.

On a reconnu la nécessité et l'importance de l'inamovibilité des fonctions de judicature. Cette inamovibilité n'en sera que plus réelle, plus palpable, lorsqu'elle sera étayée par un droit de propriété, qui, pour être acquis à prix d'argent, n'en sera pas moins sacré.

Descendons aux classes des officiers ministériels : à leur égard, un certificat de la nature de celui dont il sera question ci-après, sera-t-il moins honorable, moins glorieux qu'une patente accordée sous l'unique condition d'une prestation annuelle, sans la moindre garantie sur la moralité et l'aptitude du sujet, et assez souvent disproportionnée à l'importance ou à l'utilité des fonctions dont elle lui confère l'exercice exclusif?

Nous ne devons pas douter, pour l'honneur de notre siècle, que le même respect pour sa considération personnelle, dont le corps de la magistrature nous fournit l'exemple, ne se caractérise avec la même énergie chez toutes les autres corporations, chargées de fonctions publiques, et parconséquent sujétes, dans notre plan, à des finances.

Quiconque ambitionnerait l'honneur d'appartenir à l'une de ces corporations, serait tenu de se soumettre à l'avance à leur censure, et nul ne serait admis à obtenir des provisions que sur un certificat d'*admittatur*, délivré à l'unanimité des membres du corps, auquel le candidat desirerait s'aggréger.

Les nouvelles finances ne procureraient, à titre de gages, que l'intérêt à 2 ou 2 $\frac{1}{2}$ pour % au plus de leur montant; mais il serait attaché à l'exercice de la charge, des émolumens suffisans pour procurer aux titulaires une existence honorable, sauf à les faire supporter par ceux qui seraient dans le cas d'avoir besoin de leur ministère.

Cette épargne sur les intérêts des nouvelles finances dédommagerait à-peu-près le Gouvernement du sacrifice du produit des patentes perçues sur les professions érigées en titre d'offices.

Quant au reproché qu'appliquer à l'extinction de l'arriéré le produit des nouvelles finances, c'est perpétuer la dette, et n'en changer que la dénomination : Je réponds qu'au moins la créance dont le Gouvernement restera chargé, perdra sur-le-champ son caractère d'exigibilité, attendu que, dans tous les cas de mutation, excepté celui de la suppression que le Gouvernement

a seul la puissance d'ordonner, le remboursement qui devra s'en-
suivre, ne sera jamais que fictif; parce-que la finance à fournir
par le nouveau titulaire, remplacera nécessairement celle à rembourser au prédécesseur ou à ses représentans. Si en pareille
matière on osait se permettre une plaisanterie, ce serait le cas
de se rappeler celle qu'un auteur comique a mise dans la bouche
de son héros en intrigue, que, « *devoir, et n'être tenu de payer*
» *qu'à sa volonté, c'est comme si on ne devait pas.* » A l'application, une créance dont le remboursement est indéfiniment
ajourné, n'est ni grevante ni inquiétante.

Ces diverses considérations, et quelques autres qui ne feraient
qu'allonger inutilement un article déjà fort long, semblent devoir
familiariser avec l'idée du rétablissement des finances d'offices,
et le faire envisager comme un moyen infaillible et instant de
restaurer les finances, sans préjudicier aux dépenses du service
courant.

Avant de terminer ce chapitre, on voudra bien me permettre
encore un rapprochement succinct de la partie des charges de
l'Etat en janvier 1792, qui a trait à l'objet que je propose.

A cette époque, les offices civils et militaires à rembourser et
liquider par suite des décrets, qui, en 1790 et 1791 avaient ré-
voqué la vénalité des charges, formaient une masse de créances
exigibles de. . . . . 1,184,729,311^{tt}

Dans cette somme, à la vérité, les fonds
d'avances des compagnies de finance, et les
cautionnemens des employés attachés à ces
compagnies, entraient pour. . . . . 166,500,752^{tt}

Restait en finances exigibles. . . . 1,018,228,559^{tt}

J'évalue cette ressource extraordinaire à environ douze cent
millions, parce que je la crois susceptible d'être bonifiée par l'as-

sujettissement à des finances, de plusieurs professions d'exercice public, abandonnées gratuitement à l'industrie, ou sous la simple condition d'une chétive patente. Mes conjectures se justifient par le projet de loi sur les finances de 1816, actuellement soumis à la Chambre des Députés.

Le rétablissement des maîtrises et jurandes, dont l'utilité est incontestable sous plus d'un rapport, concourrait encore à couvrir le déficit de la suppression des patentes, dont on affranchirait le commerce et l'industrie.

On ne niera pas que le régime des communautés d'arts et métiers ne comporta des inconvéniens; mais, à le considérer seulement comme mesure de police, on ne peut lui contester de très-grands avantages, tant pour le fabriquant que pour le consommateur, parce qu'il n'y a point de doute de sa très-grande influence sur la perfection des ouvrages qui ont fait et soutiennent la réputation et la gloire des fabriques françaises.

Personne ne doit plus être en état d'apprécier la capacité et le talent d'un aspirant à quelque profession que ce soit, que les maîtres du même état, du même métier, que leur ancienneté, leur bonne manipulation, et surtout une probité long-temps éprouvée, ont appelés à la tête de leur communauté.

Ce jury véritablement de pairs, constituera une censure expérimentée, qui ne laissera s'ingérer, dans quelque art ou mécanique que ce soit, que des sujets capables de soutenir la supériorité de notre main-d'œuvre, et l'excellence de nos fabriques.

Sous le rapport financier, sans en élever l'importance aussi haut que l'annonce l'auteur d'un Mémoire sur les Contributions et les Finances, qui a paru en 1815; je crois très-possible de rendre cette branche de revenus aussi productive que celle des patentes. Il ne s'agirait que d'assujétir chaque réception à un droit envers le Gouvernement, et de soumettre l'exercice de chaque profession à une espéce d'annuel; de capitation, dont la quotité fixée en masse pour chaque communauté se répartirait entre tous ses membres, par le ministére des syndics, qui pourraient être également chargés de la perception, et d'en verser le produit par trimestre à la recette générale ou particuliére de l'arrondisse· ment : par conséquent ni frais de perception ni non valeurs à redouter.

De toutes les maniéres donc, soit le rétablissement des finances d'offices, soit la réhabilitation des maîtrises et jurandes, il n'y a rien à perdre pour le Gouvernement; tandis qu'il y a beaucoup à gagner pour le général de la société, injustement prévenue, j'ose dire, contre un ordre de choses interverti par le seul esprit d'innovation qui avait séduit les têtes françaises, et qui, depuis plus de vingt-cinq ans, n'a cessé de les travailler, au grand détriment de tous, mais contre lequel l'opinion générale se prononce fortement aujourd'hui.

Des censeurs, experts en perception, incidenteront infailliblement sur les difficultés du recouvrement en principal et intérêts des obligations au porteur, que les progrès de leur circulation auront disséminées loin de leurs souscripteurs.

Cette difficulté n'est rien moins que sérieuse, surtout, si en recevant ces obligations, on a eu la précaution de faire la compensation des cautionnemens à rembourser à ceux des souscripteurs ayant droit à ces compensations.

En tout état de cause, c'est le Gouvernement qui s'est libéré avec des valeurs souscrites à son profit, et qui sont entrées dans le commerce sous sa garantie.

Les porteurs de ces valeurs, trop éloignés des souscripteurs, pour en requérir directement le remboursement, s'adresseront au premier endosseur, (le Trésor Royal,) dont le domicile sera censé établi dans toutes les caisses publiques qui y réversent directement ou indirectement. Dans cette conjoncture , les caisses auxquelles ces effets seront présentés , ne feront que ce qui se pratique journellement entre les porteurs d'effets et les endosseurs, qui remboursent à la décharge du principal signataire de l'effet à acquitter.

La marche de ces opérations et l'ordre de comptabilité dont elle sera susceptible , seront l'objet de mesures à prendre dans l'intérieur de l'administration du Trésor , toujours à portée de se recouvrer par l'intermédiaire de celle de ses caisses , la plus voisine du domicile du débiteur de l'obligation, dont le montant aura été acquitté dans celle du domicile du porteur.

Le Trésor Royal pourra également concerter la suite de cette opération avec les administrations qu'elle pourrait intéresser, notamment avec la caisse d'amortissement; et, en définitif, l'Etat ainsi que les titulaires des offices, se trouveront activement et passivement libérés des finances et des cautionnemens , dont ils avaient réciproquement à se tenir compte ; et l'Etat déchargé d'un arriéré qui cessera d'être formidable , lorsqu'on abordera franchement les moyens de l'éteindre.

CHAPITRE V.

LOTERIE D'IMMEUBLES ET DE RENTES SUR PARTICULIERS.

TONTINE D'EXTINCTION DE CINQ POUR CENT CONSOLIDÉS.

V ERS la fin de l'an 3 et le commencement de l'an 4 (1795), le Gouvernement républicain, encombré des spoliations qu'il avait déjà exercées sur le domaine royal, contre le clergé, les émigrés et les condamnés, ce que, à l'égard de ceux - ci, quelques-uns des cannibales du jour appellaient « *battre monnaie sur la place de la Révolution ;* ces féroces administrateurs imaginèrent, afin de hâter l'écoulement de cette masse de propriétés, d'en aliéner, par loteries, pour environ soixante - dix millions.

Maîtres des estimations, ils se firent d'autant moins de scrupule de les forcer, que la propriété de ces immeubles devant être une faveur de la fortune, ceux qu'elle en aurait favorisés, ne pouvaient manquer de faire une acquisition trés-avantageuse. Aussi, les deux loteries furent-elles trés-rapidement remplies.

Depuis ces vingt-deux à vingt-trois ans que cette mine féconde est exploitée, non pas toujours exclusivement au profit du Gouvernement, il en reste encore quelques bons filons, que la dernière spoliation des biens des communes n'a pu que rendre plus productifs. Ainsi cette nature de propriété se compose encore d'un effectif assez important, pour pouvoir en détacher, sans inconvénient, pour 40 à 45 millions, dont l'aliénation se consommerait trés-promptement.

D'un autre côté, l'Etat est encore propriétaire d'un bien petit nombre de rentes perpétuelles sur particuliers, dont l'administration des domaines perçoit les arrérages ; en attendant que l'aliénation de ces rentes, autorisée par décret du
s'effectue.

La masse de ces rentes figure encore dans les recettes de cette administration, pour 284,852 francs, représentant un capital au denier 20 de 5,697,040 francs.

Ce modique capital, amalgamé avec une masse de biens nationaux ou communaux d'une quarantaine de millions, composerait le fonds d'une loterie de propriétés foncières, tant réelles que fictives, dont l'aliénation se consommerait ainsi trés-rapidement.

Les mises seraient fixées à deux mille francs, fournis moitié
en une inscription de cinq pour cent consolidés de cinquante francs,
reçue au pair, ci............................... 1,000 fr.

Et moitié en espéces, ci...................... 1,000

$$\text{Total}\dots\dots\dots\ 2{,}000\ \text{fr.}$$

Le nombre des mises serait porté à soixante-trois mille, qui
produiraient cent vingt-six millions, dont soixante-trois millions
en espéces.

Les soixante-trois autres seraient représentés par trois millions
cent cinquante mille francs de rentes perpétuelles, qui sortiraient
du commerce, pour passer en la possession de la caisse d'amortissement.

Les reconnaissances seraient numérotées, sans interruption,
de 1 à 63,000.

Elles donneraient droit au partage de 9,450 lots de diverses
valeurs, tant en propriétés foncières qu'en rentes perpétuelles
sur particuliers ; ce qui donnerait quinze lots par cent numéros.

Le choix ou la sortie des neuf mille quatre cent cinquante numéros, que le sort appellerait à la jouissance d'un lot, se déterminera par le premier numéro d'un tirage à la loterie royale de
France, roue de Paris, indiqué à l'avance. Ce numéro servira
d'indicateur, à partir duquel se comptera, de quinze en quinze,
le numéro qui devra participer au tirage des lots.

Par exemple, supposé pour numéro indicateur, 64; les numéros
favorisés après lui, seront 79, 94, 124, 139, ainsi de suite de
quinze en quinze; et pour les antécédens, 49, 34, 19 et 4.

Cette progression complettera les neuf mille quatre cent cinquante numéros, destinés à participer au tirage des lots, lequel
déterminera la nature et la valeur de la propriété dévolue par

le sort à chacun de ces numéros, et de laquelle chacun des porteurs sera immédiatement envoyé en possession.

Les cinquante-trois mille cinq cent cinquante numéros, que le
sort n'aura point appelés au partage des lots, seront réunis en une
tontine viagère dont voici le plan.

TONTINE VIAGÈRE.

Chacun de ces numéros produira à son porteur une rente viagère
de cent vingt francs, représentative à sept et demi pour cent
du principal, réellement fourni pour le prix de ce numéro.

La différence de sept et demi à dix pour cent du prix nominal
de chaque mise, se trouve compensée d'abord par la chance d'un
lot ouverte indistinctement à toutes les mises; et en second lieu,
par la perspective immanquable d'un accroissement annuel de la
rente attachée à chaque numéro.

Les reconnaissances à délivrer aux propriétaires de ces numéros,
qui auront la faculté d'en réunir plusieurs en une seule, et d'en
assigner l'usufruit sur leur tête, ou sur celle de tout autre indi-
vidu, individuellement ou collectivement, seront distribuées en
cinq classes déterminées par l'âge de ces individus.

La faculté du placement collectif ne sera qu'en faveur de mari
et femme, frères et sœurs; pourvu toutefois que la différence
des âges ne les place pas dans deux classes différentes. Dans ce
dernier cas, cependant, et pour la satisfaction des intéressés,
jaloux de former une pareille communauté, on cumulerait les
deux âges ensemble, dont la moitié désignerait la classe à laquelle
cette communauté appartiendrait. Cette faculté ne pourrait s'exercer que d'une classe consécutive à l'autre, et jamais à deux classes
qui ne se suivraient pas immédiatement.

La rente primordiale, attachée à chaque reconnaissance ou

action, se bonifiera annuellement du montant des rentes éteintes par décès chaque année, dans chaque classe. Cet accroissement annuel, au moyen duquel l'intérêt se trouvera promptement élevé au-dessus de dix pour cent de la mise originaire, conduira, par succession de temps, le rentier à partager avec un petit nombre de survivans, et peut-être à jouir intégralement de la dotation assignée à la classe à laquelle il appartiendrait.

La masse des rentes assignées aux cinq classes réunies à raison de 120 fr. par action, s'élèvera à 6,426,000 fr., dont environ 4,516,000 fr. se trouveront dans le fonds de l'opération : ainsi le sacrifice annuel, imposé au Trésor royal, se réduira à environ 1,910,000 fr., qu'encore il n'aura à supporter que quarante à quarante-un ans au plus, époque à laquelle la classe la plus âgée sera éteinte.

Cette période révolue, la masse restante des rentes se réduira successivement de quinze en quinze ans, jusqu'à complète extinction, dans une période centenaire, à la révolution de laquelle le Trésor royal sera gratuitement libéré de 6,426,000 fr. de rentes perpétuelles, au principal de 128,520,000 fr., indépendamment d'une épargne d'environ 167,000,000 fr. sur le service des arrérages pendant la durée de la Tontine, longue à la vérité pour les individus, et non pour le Gouvernement qui doit survivre à tous.

Nos grands docteurs en finance ne manqueront pas de s'écrier que c'est tout plattement un emprunt viager de 80 à 82 millions, déguisé sous une forme déjà réprouvée par la philosophie phylantrope du jour. Je ne me permettrai pas d'apprécier la dépense d'esprit que leur aura coûté cette belle apostrophe. Qu'ils se complaisent à rabacher tous les beaux raisonnemens des économistes du milieu du dix-huitième siècle, sur l'immoralité de la constitution viagère, qu'ils taxent de favoriser l'égoïsme et le célibat.

Du foyer lumineux dans lequel ils s'étaient modestement placés (à qui, ne leur en déplaise, on pourrait bien appliquer la parabole du boisseau de l'Évangile), ils n'ont pas voulu voir, ces sublimes aristarques, combien il était impolitique de dénigrer une ressource toujours employée avec succès par les Gouvernemens qui en ont usé.

Leur perspicacité n'a su apprécier ni l'avantage de ne pas faire peser sur les générations futures une charge imposée à celles qui passent ou qui commencent; ni la préférence que mérite une dette temporaire, que chaque jour allège, sur une dette perpétuelle qui ne peut s'amortir que par le remboursement, à moins de ces mesures iniques et désastreuses, de la nature de celles dont la Convention seule était capable de donner l'exemple.

Malgré les grandes phrases de ces fameux moralistes, malgré la sublimité de leurs conceptions, à qui il n'a manqué que la qualification d'idées libérales, l'égoïsme et l'intérêt n'en sont et n'en seront pas moins les dieux du jour, dont le culte, quoi qu'ils puissent dire, ne paraît pas près de se refroidir.

Pourquoi donc ne pas profiter de l'influence de ces deux mobiles pour se ménager une de ces ressources qui promettent le plus grand et le plus prompt succès ?

Celle dont il s'agit aurait le triple avantage,

1º. D'élaguer les embarras d'une perception inique et minutieuse, presque perdue dans le nombre de celles dont l'administration des domaines est chargée, et d'épargner les remises et autres frais qu'elle peut coûter;

2º. De concourir à la plus prompte aliénation d'une portion assez importante de domaines nationaux et communaux, dont la vente, attendu les excessifs sacrifices pécuniaires imposés à la France, ne peut être qu'extrêmement difficultueuse, si elle n'est impraticable ;

3°. Enfin de libérer le trésor royal, dans une période peu longue pour l'État qui ne meurt pas comme les individus, et sans bourse délier, d'un capital de 128,520,000 fr., et de lui épargner environ 167 millions sur le service des arrérages de ce capital, au lieu de le laisser perpétuellement chargé de la rente qui le représente.

Cette perspective n'est point une chimère. Le développement du plan, la possibilité de l'exécution, et les résultats qu'elle promet, autant que l'on puisse conjecturer en matière de longévité, en démontrent la réalité.

De plus grands détails allongeraient sans utilité réelle cet article, et ne présenteraient, comme l'ont fait quelques-uns de nos modernes écrivains financiers, qu'un échafaudage de chiffres aussi fatigant pour les yeux, que fastidieux pour l'entendement.

CHAPITRE VI.

DETTE PUBLIQUE.

MOBILISATION FACULTATIVE DES CINQ POUR CENT CONSOLIDÉS

Lorsque la Convention méditait la réduction des rentes perpétuelles, par un simulacre de remboursement que la loi du 9 vendémiaire an IV a consacré, nombre d'opinions se manifestèrent pour une mobilisation complette et absolue.

Inquiète sur l'impression que ferait cette mutilation des rentes perpétuelles, trivialement dites *le pot au feu des Parisiens*; redoutant de discréditer, dès leur émission, les valeurs à donner pour singer un remboursement, et dont la masse menaçait encore d'excéder celle des biens affectés à la garantie de ces valeurs, la Convention n'osa pas frapper le coup de la mobilisation complette, malgré tous les avantages qu'elle promettait, dans l'intérêt du Trésor, auquel on sacrifiait impitoyablement les propriétaires des rentes perpétuelles.

Le moins grave des inconvéniens n'était pas l'absolu de l'opération. Présentée comme facultative et à la libre volonté des rentiers, elle se dépouille de tout son odieux.

Il est dans l'intérêt général des finances de la France, d'offrir, même aux étrangers, l'attrait d'un placement également sûr de leurs capitaux, mais qui leur ménagerait la faeulté d'en disposer à volonté, et mystérieusement quand le secret leur conviendrait.

Pour le Trésor Royal, moins d'écritures, économie de temps, et retranchement de la partie des travaux sans cesse renaissants du Grand Livre, à cause des mutations, relatifs à la portion des rentes mobilisées, et converties en inscriptions au porteur : enfin, allégeance dans le mode et les formalités du service des arrérages.

Aucun prétexte de rebuts, ou de retards pour les particuliers qui n'auraient d'autres formalités à faire remplir que l'estampille de paiement au dos de l'inscription, lors de laquelle mention en sera faite sur le talon du registre, à souche duquel l'inscription aura été détachée.

Liberté entière, pour les propriétaires de ces inscriptions, d'en disposer à volonté, sans frais et sans bruit ; faculté illimitée de s'avantager réciproquement entre époux, entre amis du même ou de l'autre sexe ; de satisfaire, dans toute leur latitude, ses mouvemens de reconnaissance, d'affection particulière, de bienveillance, même de pure bienfaisance; moins d'embarras dans les partages de famille; affranchissement des lenteurs et des difficultés des liquidations, au moindre cas de mutation; enfin, facilité de masquer à volonté cette partie de sa fortune, et de la mettre à l'abri de toute espèce d'atteintes.

Tels sont les nombreux avantages de la mobilisation au porteur.

L'extrême liberté de disposer ainsi, à volonté, des inscriptions de ce genre, pourrait tenter nombre d'étrangers, et les déterminer à placer de cette manière sur nous.

La seule objection sérieuse est le danger de la perte ou du vol des inscriptions au porteur; mais ce danger n'est pas plus imminent pour elles, qu'il ne l'est pour les billets et les actions des banques publiques, dont il n'atténue ni l'attrait ni le crédit. D'ailleurs il est des précautions contre ce danger, par une mesure simple, peu dispendieuse, même facultative comme la mobilisation, et qui sont, à quelques modifications près, indiquées par un décret du 3 messidor an 12, concernant les formalités en cas de perte des extraits d'inscriptions au grand livre.

Quant au matériel de la mobilisation, il n'exigerait qu'un très-léger changement dans le libellé des inscriptions. Celles-ci seraient classées par coupures, graduées depuis 50 fr. jusqu'à 6,000 fr., sur les proportions suivantes; savoir :

De 50 à 100 fr., de 10 en 10 fr. ;

De 100 à 500, par 50 fr. ;

Au-dessus de 500 jusqu'à 1,000 , par 100 fr. ;

Deux coupures de 1,500 et 2,000 fr. ;

Trois de 3,000 , 4,000 et 5,000 fr. ;

Enfin la dernière de 6,000 fr. :

... En tout vingt-cinq coupures qui n'entreraient en émission qu'au
fur et à mesure des demandes.

Ces inscriptions seraient à souches dont les talons, numérotés
comme l'inscription, seraient disposés de manière à recevoir, tant
au recto qu'au verso, la mention du paiement des arrérages à
chaque sémestre, lequel serait d'ailleurs estampillé au revers
de l'inscription, disposé en vingt compartimens linéaires, cor-
respondans aux sémestres de chacune des dix années consécu-
tives, au bout desquelles on peut assigner le renouvellement des
inscriptions au porteur, plus exposées que les nominatives aux
détériorations inséparables de leur mutabilité.

Dans le nombre des inscriptions offertes à la mobilisation, il
s'en rencontrera infailliblement beaucoup dont les fractions ne
cadreront pas avec les coupures des nouvelles. Pour les unes, le
propriétaire aura à fournir le complément du principal de la différence entre la valeur réelle et la coupure supérieure la plus
prochaine. Pour les autres, il y aura à lui rembourser le principal
de la différence en moins entre la valeur de l'inscription mobilisée, et la coupure immédiatement inferieure à cette valeur.

Naturellement ces complémens ou remboursemens devraient
se solder en espéces ; mais il est possible, dans les cas de remboursemens, de substituer à celles-ci des bons de caisses au porteur, à vingt jours de date, lesquels seraient admissibles indistinctement et comme espéces, en paiement des complémens du
principal des nouvelles inscriptions élevées au-dessus de leur ancienne valeur, sauf quelques modiques appoints en numéraire,
lorsque le cas y écherra.

Ces bons donneront lieu, à la vérité, à un jeu de bourse,
mais qui ne pourra se soutenir que pendant le temps assigné à la
faculté de la mobilisation au porteur ; car la durée de cette faculté
ne devra pas être indéfinie.

Ainsi s'établira sur une portion de la dette consolidée, par une opération très-simple en elle-même, une marche aussi simple, prompte, invariable, affranchie de toute espéce d'entraves, et qui sera accueillie avec d'autant plus de faveur, qu'il en résultera pour ceux qui l'adopteront, la liberté la plus illimitée de disposer de cette partie de leur fortune.

La trésorerie en recevra beaucoup d'allégeance dans ses travaux courans ; et la comptabilité sur la portion de la dette publique, ainsi mobilisée, sera beaucoup moins épineuse, en ce qu'elle n'embrassera que des parties dont le classement sera réglé d'avance par leur propre constitution.

CONCLUSION.

LA lice dans laquelle j'ai hasardé de descendre, s'est agrandie sous mes pas; et au risque de broncher, j'ai dépassé les bornes que je m'étais proposées, et je me vois exposé au reproche de n'avoir pas assez consulté mes moyens.

Il n'appartenait, sans doute, qu'à des têtes mieux organisées, plus initiées dans la science financière ou dans les secrets de cette partie de l'économie politique, de jalonner quelques voies pour y ramener l'ordre et l'abondance. J'ai osé le tenter. Grâce en faveur de l'intention.

Il n'est que trop vrai que la France, épuisée, d'année en année, d'hommes et d'argent, dépouillée presque partout des matiéres et des denrées les plus nécessaires aux fabriques et aux subsistances, se trouvait réduite à une détresse qui rendait le moindre approvisionnement trés-laborieux. La culture était aux abois; les manufactures désertes, le commerce intérieur et extérieur anéanti, et le numéraire s'éclipsait de toutes parts.

Cet état désastreux s'aggravait par le discrédit absolu que motivaient chaque jour ces simulacres de liquidations, qui, ne donnant en résultats que des remboursemens étranglés, ruinaient les anciens fournisseurs, sans enrichir l'Etat, et légitimaient en quelque sorte l'âpreté des nouveaux, qui ne voulaient traiter avec le Gouvernement, qu'aux conditions les plus onéreuses pour lui, et dont la principale était de s'assurer, au moyen des avances qu'ils exigeaient, des indemnités anticipées des réductions qu'ils

(48)

prévoyaient devoir subir, au mépris des clauses de leurs traités, lorsqu'il serait question de liquider les dépenses du service dont ils se chargeaient, et dans lequel nombre d'entr'eux aspiraient à des bénéfices qu'ils se proposaient bien de multiplier.

On ne saurait donc être trop sévère dans l'examen des répétitions de ces entrepreneurs et fournisseurs, particulièrement des dix à onze dernières années du règne impérial, en y comprenant même celle de sa lutte sacrilège contre l'autorité légitime. Pour fouiller dans cet abîme de prévarications, y démêler le juste de l'injuste, le vrai d'avec le faux ; distinguer ce que la force majeure des circonstances rendait impossible, de ce que l'improbité voulait s'approprier, il faudrait des hommes façonnés sur le terrein, éclairés *de visu* sur tout ce dont était capable l'esprit de fraude et de rapinerie, et intéresser leur perspicacité par l'appas de remises sur les sommes qu'ils feront rentrer, ou dont ils réduiront les répétitions soumises à leur censure.

Ce sera, ne manqueront de dire les frondeurs de profession, renouveler ces Chambres ardentes, ces Commissions inquisitoriales qui, après la mort de Louis XIV, ont fait dégorger à nombre de sang-sues une partie des millions dont elles s'étaient engraissées. Elles ne furent donc ni inutiles, ni injustes ces Commissions ; car faire restituer, est acte d'équité.

Par une conséquence de cette vérité, on a peine à se défendre du regret qu'une excessive indulgence retienne l'extrême justice, de faire retomber sur nos vampires les frais énormes d'une guerre, dont les causes ont été fomentées par la plupart d'entr'eux ; qu'elle permette l'extraction, hors de France, du complément de fortunes, dont ils avaient eu la coupable prévoyance de placer la meilleure partie dans les fonds étrangers ; comme si cette prévoyance n'était pas, par elle-même, un crime dans un homme d'Etat.

L'intérêt personnel et particulier est (je le répéterai jusqu'à
satiété) l'idole adorée du jour, et son culte n'est pas près de
se refroidir. Pourquoi ne pas profiter de cette idolâtrie générale,
pour la mettre, je dirais volontiers, aux prises avec elle-même ?
Et voici comment,

Divers décrets machinés dans certaines sections du Conseil
d'Etat d'alors, proposés par des gens mus par des motifs faciles
à deviner, par conséquent intéressés à les faire passer, ont pa-
ralysé, graduellement et pour ainsi dire par échelons, la recherche des intérêts actifs et passifs, que le Gouvernement pouvait avoir à démêler avec nombre de compagnies ou d'individus
isolés.

Malgré la doctrine de quelques-uns de ces niveleurs, sévères
ou complaisans suivant l'occurrence, « *que l'Etat s'enrichissait*
» *de ce qu'il ne payait pas*, et qui semblaient s'aveugler sur
l'idée vraie « *que toute leur puissance n'empêcherait pas de*
» *crier au voleur*, ils ont senti, cependant, qu'il eût été par
trop révoltant de se conserver le droit de rechercher, lorsqu'on
s'affranchissait de celui d'être recherché. Delà, ces diverses dis-
tinctions d'époques ; ces amnisties graduées qui ont épargné
nombre de comptables, fournisseurs, entrepreneurs, etc., etc.,
à qui la connaissance intime de leur situation faisait redouter
les scalpels de la liquidation.

De ces millions ensevelis dans cette silencieuse prévoyance,
combien le plus léger examen n'en ferait-il pas exhumer dont
l'emploi, d'après les borderaux mêmes annexés aux pièces de ces
comptabilités, n'est pas justifié ?

Cette recherche, disent d'autres, serait superflue par l'insolva-
bilité de la plupart de ceux sur qui elle s'exercerait ; mais est-ce
une raison pour ne pas la tenter ?

(5o)

Un décret du 12 décembre 1809 a investi la Cour des Comptes ¦
du pouvoir de prononcer sur *les comptabilités qui n'auraient*
» *pu être apurées , à l'époque de la suppression du Conseil*
» *général de liquidation.* »

Les inventaires qui furent dressés immédiatement après cette
suppression, présentent bien la nomenclature de ces comptabilités ; mais les renseignemens qui l'accompagnent, sont trop
sommaires pour mettre à portée de pouvoir juger de l'importance de leur vérification : et cette concision était presqu'inévi-
table.

Ces inventaires n'offrent donc que des connaissances très-
superficielles sur l'importance de ces comptabilités. D'ailleurs,
il est presque passé en thèse générale, que la Cour des Comptes
ne doit s'occuper que des comptabilités qui lui sont désignées
par le ministère des finances ; et celui-ci, dépourvu du plus
léger document sur l'existence et la nature de ces comptabilités,
n'appelle l'attention de la Cour que sur celles dont les parties
provoquent l'exhumation. De-là vient que ces résurrections
paraissent ne devoir aboutir qu'à des résultats passifs.

Rien de si simple, cependant, que de r'ouvrir cette ressource si légèrement négligée ; c'est de la soumettre à l'action
de l'intérêt ou du desir de gagner, contre l'intérêt ou la volonté
de ne pas restituer.

Ce combat pourrait s'engager et s'établir par le ministère de
traitans d'une espèce nouvelle qui, exerçant les fonctions de
contrôleurs des restes, se chargeraient de la discussion des
comptabilités qui leur seraient indiquées, ou de celles que leurs
recherches pourraient leur faire juger valoir la peine de l'examen. La seule condition de cette espèce d'entreprise serait celle
de remises sur les résultats à charge ou à décharge de leurs

opérations, après qu'elles auraient été sanctionnées par le Ministre des finances ou par une commission spéciale.

Si le Gouvernement répugnait à créer ce genre d'enquête, il pourrait rappeler quelques-uns des anciens employés de la tête des bureaux de la liquidation, et les charger de signaler, chacun dans les divisions auxquelles ils auraient été attachés, les comptabilités à attaquer de préférence.

Très-incessamment eux, et les collaborateurs à leur donner, et qui seraient pris dans les bureaux de vérification de la Cour des Comptes, ouvriraient dans ces comptabilités, ainsi tirées de l'oubli, une mine très-riche à exploiter. Je ne serais pas en peine d'en signaler pour quelques millions. Les frais de ce bureau seraient fixés au plus bas possible, en considération des remises attachées aux succès de ses travaux, dont l'activité et la célérité pourraient être puissamment aiguillonnées par l'appas de ces remises.

Cette idée comporte des développemens trop longs pour le cadre dans lequel j'aurais voulu me renfermer, mais qui n'échapperont pas aux yeux les moins exercés en cette partie. J'ai l'intime conviction des avantages de sa mise en exécution, et je les crois aussi infaillibles que ceux à espérer de l'intervention dans la perception des impôts indirects de quelques compagnies de finance, qui, soit à titre de ferme, soit à titre de régie intéressée, se chargeraient de cette perception. Non seulement ces compagnies y porteraient cette économie dont l'intérêt privé est seul capable, et qui également propre à bonifier les produits, comme à diminuer les dépenses, saurait faire fructifier le tout, et assurerait de plus les rentrées à des époques fixes sur lesquelles le Gouvernement pourrait compter.

Cette intervention de compagnies de finance se concilierait sans peine avec l'utilité d'intéresser les contribuables eux-mêmes, surrout dans les campagnes, à la perception des impôts sur les consommations.

Placés sur le champ même où germent ces impôts, les con-tribuables sont plus à portée d'en suivre les développemens.

Leurs produits seraient dévolus, dés leur origine, aux communes dans lesquelles ils seraient établis. Ces communes seraient autorisées à prélever sur ces produits leurs dépenses munici-pales, préalablement arrêtées par l'autorité supérieure. L'excé-dant s'émargerait sur le rôle de la contribution personnelle, au marc la livre, de chaque cotte : ainsi le contribuable se trouve-rait personnellement intéressé à surveiller la perception des oc-trois de sa commune, et à dénoncer les fraudes qui pourraient en altérer les produits.

Cet excédant se verserait immédiatement dans les mains du percepteur, ou directement dans la caisse où celui-ci devrait en compter. Les relevés de ces produits par communes ou mai-ries, transmis de degrés en degrés jusqu'à l'administration cen-trale, mettraient celle-ci à portée d'en former des états qu'elle ferait parvenir au ministère des finances, ou tout autre point central où s'établirait finalement la masse de ces produits, laquelle entrerait en compensation sur les obligations que les compagnies de finance auraient contractées pour les perceptions dont elles auraient traité ou auraient été chargées, si leur entre-mise promettait encore quelques avantages.

Je n'ai pas l'amour-propre de croire que cette idée, et que celles qui la précédent, fassent une grande sensation. Je m'es-timerai fort heureux, si j'échappe au reproche de ne débiter que de vieilles nouvelles. Je ne suis point à passer condamnation sur cet article; mais je me retranche à dire que les miennes ne comportent rien que d'utile et de très-praticable. Tous mes torts me semblent se réduire à celui d'avoir eu la confiance de croire qu'une longue pratique, dans une partie quelconque , éclairée par quelque rectitude dans les idées , pouvaient autoriser à en parler avec l'espoir d'être entendu.

Tels sont les motifs qui m'ont porté à reprendre la plume. Je l'ai émoussée dans quelques passages de cet écrit, parce que l'expérience m'a appris que toutes vérités n'étaient pas bonnes à dire, ni même à faire pressentir. Heureusement que dans la matière que j'ai traitée , la véracité n'est jamais répréhensible, lorsqu'elle se caractérise avec les ménagemens qui doivent la rendre supportable !

Je me suis permis de réfléchir sur les plaies de notre état financier; j'ai cru entrevoir quelques moyens d'y porter remède : je me suis permis de les exposer, parce que je suis convaincu qu'ils pourront être appliqués efficacement. Chemin faisant, j'ai remarqué que nos finances avaient passé par des épreuves au moins aussi désastreuses, sans que la France y eût succombé. Je me suis consolé par l'espoir rassurant qu'elle ne serait pas moins heureuse aujourd'hui , que les circonstances sont moins inquiétantes , et que notre belle patrie a tout à attendre de la sagesse du Gouvernement , sous lequel la Providence l'a si miraculeusement replacée.

Gardons - nous donc de désespérer de ses destinées. Six années de paix intérieure et extérieure ; un ralliement franc et sincère autour du Souverain légitime; un emploi sagement combiné des ressources qui nous restent, étayées de celles que nous pouvons utiliser : et tout se réparera de soi-même. Nous en avons pour sûr garant un Gouvernement paternel, éclairé par vingt-quatre ans de pénibles épreuves; professant et pratiquant les principes de la plus religieuse morale ; donnant l'exemple de la plus scrupuleuse probité, et s'imposant la plus sévère économie.

L'avenir du bonheur que ce règne nous promet, n'est plus loin de nous : chaque jour est un pas vers lui.

Condamné, par l'âge, à n'en pas être long-temps l'heureux témoin, au moins pourrai-je, avant de quitter la vie, m'écrier, avec le grand prêtre Simon :

Nunc dimittis servum tuum, Domine.

Il me reste cependant encore un devoir à remplir envers mes anciens camarades d'emploi, et à me mettre à l'abri du reproche qu'ils pourraient me faire de réveiller des idées dont la mise à exécution pourrait entraîner de nouvelles réformes.

J'ai éprouvé par moi-même combien elles étaient douloureuses, quand leur utilité et leur urgence n'étaient pas parfaitement démontrées, et qu'elles frappaient sur des sujets encore très en état de faire long-temps un excellent service.

Je suis encore à me persuader qu'il y ait des avantages sous les rapports, soit du bon travail, soit de l'économie, de substituer à des employés expérimentés, capables et jaloux de bien remplir leurs devoirs, de nouveaux commis entièrement à dresser, dont, par conséquent, l'aptitude est au moins problématique, et ce sous le prétexte d'économies effectives à l'égard des classes moyennes et inférieures; lorsque d'ailleurs on grève l'Etat de nouvelles pensions, et que l'on bonifie grassement le sort des états majors ministériels.

La question est encore entière, et je m'abstiendrai de la résoudre. Je me tranquillise parce que je suis convaincu que, quand les arrangemens que j'ai signalés dans le cours de ces développemens se réaliseraient, ils exigeraient un concours d'employés toujours supérieur au nombre de ceux que leur âge, l'ancienneté de leurs services mettraient dans le cas de la retraite.

Je ne me lasserai jamais de le répéter, la prospérité de mon pays est le premier de mes vœux : il est inséparable de ceux que je forme pour la personne de mon Roi. J'ai goûté la satisfaction de bien servir l'un et l'autre dans les modestes fonctions qui m'ont été confiées. Les regrets de n'être plus à portée de les exercer, répandent souvent de l'amertume sur la reconnaissance que me commande l'honorable récompense de mes anciens services.

Je satisfais, en ce moment, mon extrême désir de pouvoir encore être utile. Puissent les motifs qui m'animent me concilier un peu d'indulgence !

Signé BOYARD.

Imprimerie d'ANT. BÉRAUD, rue du Faubourg-Saint-Martin, n°. 70.

www.ingramcontent.com/pod-product-compliance
Ingram Content Group UK Ltd.
Pitfield, Milton Keynes, MK11 3LW, UK
UKHW020024080726
13614UKWH00004B/1550